TRANZLATY

Language is for everyone

언어는 모든 사람을 위한 것입니다

Beauty and the Beast

미녀와 야수

Gabrielle-Suzanne Barbot de Villeneuve

English / 한국어

Copyright © 2025 Tranzlaty
All rights reserved
Published by Tranzlaty
ISBN: 978-1-83566-979-2
Original text by Gabrielle-Suzanne Barbot de Villeneuve
La Belle et la Bête
First published in French in 1740
Taken from The Blue Fairy Book (Andrew Lang)
Illustration by Walter Crane
www.tranzlaty.com

There was once a rich merchant
옛날에 부유한 상인이 있었습니다.
this rich merchant had six children
이 부유한 상인은 여섯 명의 자녀를 두었습니다.
he had three sons and three daughters
그는 아들 셋과 딸 셋을 두었다
he spared no cost for their education
그는 그들의 교육을 위해 아무런 비용도 아끼지 않았습니다.
because he was a man of sense
그는 상식이 있는 사람이었기 때문이다
but he gave his children many servants
그러나 그는 그의 자녀들에게 많은 종들을 주었고
his daughters were extremely pretty
그의 딸들은 매우 예뻤다
and his youngest daughter was especially pretty
그리고 그의 막내딸은 특히 예뻤어요
as a child her Beauty was already admired
어린 시절부터 그녀의 아름다움은 이미 존경을 받았다
and the people called her by her Beauty
사람들은 그녀의 아름다움 때문에 그녀를 불렀다
her Beauty did not fade as she got older
그녀의 아름다움은 나이가 들면서 사라지지 않았다
so the people kept calling her by her Beauty
그래서 사람들은 그녀를 계속 그녀의 아름다움 때문에 불렀습니다.
this made her sisters very jealous
이것은 그녀의 자매들을 매우 질투하게 만들었다
the two eldest daughters had a great deal of pride
두 큰딸은 매우 자랑스러워했습니다
their wealth was the source of their pride
그들의 부는 그들의 자존심의 원천이었습니다
and they didn't hide their pride either
그리고 그들은 그들의 자존심도 숨기지 않았다
they did not visit other merchants' daughters

그들은 다른 상인의 딸들을 방문하지 않았다
because they only meet with aristocracy
그들은 귀족층만 만나기 때문이다
they went out every day to parties
그들은 매일 파티에 나갔다
balls, plays, concerts, and so forth
무도회, 연극, 콘서트 등
and they laughed at their youngest sister
그리고 그들은 가장 어린 여동생을 비웃었다
because she spent most of her time reading
그녀는 대부분의 시간을 독서에 보냈기 때문에
it was well known that they were wealthy
그들이 부유하다는 것은 잘 알려져 있었다
so several eminent merchants asked for their hand
그래서 몇몇 저명한 상인들이 그들의 손을 요청했습니다.
but they said they were not going to marry
그런데 그 사람들은 결혼 안 할 거라고 했어
but they were prepared to make some exceptions
하지만 그들은 몇 가지 예외를 만들 준비가 되어 있었습니다.
"perhaps I could marry a Duke"
"아마도 공작과 결혼할 수도 있을 거야"
"I guess I could marry an Earl"
"내가 백작과 결혼할 수도 있겠다"
Beauty very civilly thanked those that proposed to her
미인은 그녀에게 청혼한 사람들에게 매우 정중하게 감사를 표했다
she told them she was still too young to marry
그녀는 그들에게 결혼하기에는 아직 너무 어리다고 말했다
she wanted to stay a few more years with her father
그녀는 그녀의 아버지와 몇 년 더 머물고 싶어했습니다
All at once the merchant lost his fortune
상인은 갑자기 재산을 잃었다

he lost everything apart from a small country house
그는 작은 시골집 외에는 모든 것을 잃었습니다.
and he told his children with tears in his eyes:
그리고 그는 눈물을 흘리며 자녀들에게 이렇게 말했습니다.
"we must go to the countryside"
"우리는 시골로 가야 해요"
"and we must work for our living"
"그리고 우리는 우리의 삶을 위해 일해야 합니다"
the two eldest daughters didn't want to leave the town
두 큰딸은 마을을 떠나고 싶어하지 않았다
they had several lovers in the city
그들은 도시에 여러 연인이 있었습니다
and they were sure one of their lovers would marry them
그리고 그들은 그들의 연인 중 한 명이 그들과 결혼할 것이라고 확신했습니다.
they thought their lovers would marry them even with no fortune
그들은 재산이 없어도 연인이 자기들과 결혼할 거라고 생각했다
but the good ladies were mistaken
하지만 착한 여자들은 착각했어요
their lovers abandoned them very quickly
그들의 연인들은 매우 빨리 그들을 버렸다
because they had no fortunes any more
그들은 더 이상 재산이 없었기 때문이다
this showed they were not actually well liked
이것은 그들이 실제로 별로 좋아하지 않는다는 것을 보여주었습니다.
everybody said they do not deserve to be pitied
다들 자기들은 불쌍히 여김받을 자격이 없다고 하더라
"we are glad to see their pride humbled"
"우리는 그들의 자존심이 낮아진 것을 보고 기쁩니다"
"let them be proud of milking cows"
"그들이 젖소 짜는 것을 자랑스러워하게 하라"

but they were concerned for Beauty
하지만 그들은 아름다움에 관심이 있었습니다
she was such a sweet creature
그녀는 정말 달콤한 존재였어
she spoke so kindly to poor people
그녀는 가난한 사람들에게 매우 친절하게 말했습니다
and she was of such an innocent nature
그녀는 정말 순진한 성격이었어
Several gentlemen would have married her
여러 신사들이 그녀와 결혼했을 것입니다.
they would have married her even though she was poor
그녀는 가난했어도 결혼했을 거야
but she told them she couldn't marry them
하지만 그녀는 그들에게 결혼할 수 없다고 말했습니다.
because she would not leave her father
그녀는 아버지를 떠나지 않았기 때문에
she was determined to go with him to the countryside
그녀는 그와 함께 시골로 가기로 결심했다
so that she could comfort and help him
그녀가 그를 위로하고 도울 수 있도록
Poor Beauty was very grieved at first
불쌍한 미인은 처음에는 매우 슬퍼했습니다.
she was grieved by the loss of her fortune
그녀는 재산을 잃은 것에 슬퍼했다
"but crying won't change my fortunes"
"하지만 울어도 내 운명은 바뀌지 않아"
"I must try to make myself happy without wealth"
"나는 부 없이도 행복해지려고 노력해야 한다"
they came to their country house
그들은 그들의 시골집에 왔다
and the merchant and his three sons applied themselves to husbandry
그리고 상인과 그의 세 아들은 농사에 전념했습니다.
Beauty rose at four in the morning
아름다움은 아침 4시에 일어났다

and she hurried to clean the house
그리고 그녀는 서둘러 집을 청소했다
and she made sure dinner was ready
그리고 그녀는 저녁이 준비되었는지 확인했습니다
in the beginning she found her new life very difficult
처음에 그녀는 새로운 삶이 매우 어렵다는 것을 알았습니다.
because she had not been used to such work
그녀는 그런 일에 익숙하지 않았기 때문이다
but in less than two months she grew stronger
하지만 두 달도 채 안 되어 그녀는 더 강해졌습니다.
and she was healthier than ever before
그리고 그녀는 그 어느 때보다 더 건강했습니다
after she had done her work she read
그녀는 일을 마친 후에 책을 읽었습니다.
she played on the harpsichord
그녀는 하프시코드를 연주했다
or she sung whilst she spun silk
아니면 그녀는 실크를 뽑는 동안 노래를 불렀습니다.
on the contrary, her two sisters did not know how to spend their time
오히려 그녀의 두 자매는 시간을 어떻게 보내야 할지 몰랐다.
they got up at ten and did nothing but laze about all day
그들은 열시에 일어나서 하루종일 게으름 피우며 아무것도 하지 않았습니다.
they lamented the loss of their fine clothes
그들은 좋은 옷을 잃은 것을 한탄했습니다.
and they complained about losing their acquaintances
그리고 그들은 지인을 잃었다고 불평했습니다.
"Have a look at our youngest sister," they said to each other
"우리 막내 여동생 좀 봐" 그들은 서로에게 말했다.
"what a poor and stupid creature she is"
"그녀는 얼마나 불쌍하고 멍청한 존재인가"
"it is mean to be content with so little"

"그렇게 적은 것에 만족하는 것은 비열한 짓이다"
the kind merchant was of quite a different opinion
친절한 상인은 전혀 다른 의견을 가지고 있었습니다.
he knew very well that Beauty outshone her sisters
그는 그녀의 아름다움이 자매들보다 더 뛰어나다는 것을 잘 알고 있었습니다.
she outshone them in character as well as mind
그녀는 성격과 정신력 면에서 그들을 능가했습니다.
he admired her humility and her hard work
그는 그녀의 겸손함과 그녀의 노고에 감탄했다
but most of all he admired her patience
하지만 무엇보다도 그는 그녀의 인내심에 감탄했습니다.
her sisters left her all the work to do
그녀의 자매들은 그녀에게 모든 일을 맡겼다
and they insulted her every moment
그리고 그들은 그녀를 매 순간 모욕했습니다
The family had lived like this for about a year
이 가족은 이렇게 1년 정도 살았다
then the merchant got a letter from an accountant
그러자 상인은 회계사로부터 편지를 받았다.
he had an investment in a ship
그는 배에 투자를 했다
and the ship had safely arrived
그리고 배는 무사히 도착했습니다
this news turned the heads of the two eldest daughters
은 두 큰 딸의 관심을 끌었다.
they immediately had hopes of returning to town
그들은 즉시 마을로 돌아갈 수 있기를 바랐다
because they were quite weary of country life
그들은 시골 생활에 꽤 지쳐 있었기 때문이다
they went to their father as he was leaving
그들은 아버지가 떠나는 것을 보고 그에게로 갔다.
they begged him to buy them new clothes
그들은 그에게 새 옷을 사달라고 간청했다
dresses, ribbons, and all sorts of little things

드레스, 리본, 그리고 온갖 작은 것들
but Beauty asked for nothing
하지만 아름다움은 아무것도 요구하지 않는다
because she thought the money wasn't going to be enough
그녀는 돈이 충분하지 않을 것이라고 생각했기 때문이다
there wouldn't be enough to buy everything her sisters wanted
그녀의 자매들이 원하는 모든 것을 살 만큼 충분하지 않을 것이다
"What would you like, Beauty?" asked her father
"아가씨, 뭐 드시겠어요?" 그녀의 아버지가 물었습니다.
"thank you, father, for the goodness to think of me," she said
"아버지, 저를 생각해 주셔서 감사합니다." 그녀가 말했다.
"father, be so kind as to bring me a rose"
"아버지, 장미 한 송이 가져다 주세요"
"because no roses grow here in the garden"
"이 정원에는 장미가 자라지 않으니까요"
"and roses are a kind of rarity"
"그리고 장미는 일종의 희귀종이에요"
Beauty didn't really care for roses
미인은 장미를 별로 좋아하지 않았다
she only asked for something not to condemn her sisters
그녀는 단지 그녀의 자매들을 비난하지 않기 위해 무언가를 요청했을 뿐입니다.
but her sisters thought she asked for roses for other reasons
하지만 그녀의 자매들은 그녀가 다른 이유로 장미를 요청했다고 생각했습니다.
"she did it just to look particular"
"그녀는 특별하게 보이기 위해 그렇게 했을 뿐이야"
The kind man went on his journey
친절한 남자는 여행을 떠났다
but when he arrived they argued about the merchandise
그러나 그가 도착했을 때 그들은 상품에 대해 논쟁했습니다.

and after a lot of trouble he came back as poor as before
그리고 많은 고생 끝에 그는 예전처럼 가난하게
돌아왔다
he was within a couple of hours of his own house
그는 자신의 집에서 몇 시간 거리에 있었습니다.
and he already imagined the joy of seeing his children
그리고 그는 이미 그의 아이들을 보는 기쁨을
상상했습니다
but when going through forest he got lost
하지만 숲을 지나가다가 길을 잃었어요
it rained and snowed terribly
비가 내리고 눈이 엄청 내렸다
the wind was so strong it threw him off his horse
바람이 너무 강해서 그는 말에서 떨어졌다.
and night was coming quickly
그리고 밤이 빨리 다가왔다
he began to think that he might starve
그는 굶어죽을지도 모른다는 생각이 들기 시작했다
and he thought that he might freeze to death
그리고 그는 자신이 얼어죽을지도 모른다고
생각했습니다.
and he thought wolves may eat him
그리고 그는 늑대가 자신을 먹을지도 모른다고
생각했습니다.
the wolves that he heard howling all round him
그가 주변에서 울부짖는 늑대들의 소리를 들었다
but all of a sudden he saw a light
그런데 갑자기 그는 빛을 보았습니다.
he saw the light at a distance through the trees
그는 나무 사이로 멀리서 빛을 보았다
when he got closer he saw the light was a palace
그가 가까이 다가갔을 때 그는 빛이 궁전인 것을
보았습니다.
the palace was illuminated from top to bottom
궁전은 위에서 아래까지 밝았다

the merchant thanked God for his luck
상인은 자신의 행운에 대해 신에게 감사했습니다.
and he hurried to the palace
그리고 그는 궁전으로 서둘러 갔다
but he was surprised to see no people in the palace
그러나 그는 궁전에 사람이 하나도 없는 것을 보고 놀랐다.
the court yard was completely empty
안뜰은 완전히 비어 있었다
and there was no sign of life anywhere
그리고 어디에도 생명의 흔적이 없었다
his horse followed him into the palace
그의 말은 그를 따라 궁전으로 들어갔다
and then his horse found large stable
그리고 그의 말은 큰 마구간을 발견했습니다.
the poor animal was almost famished
불쌍한 동물은 거의 굶주렸습니다
so his horse went in to find hay and oats
그래서 그의 말은 건초와 귀리를 찾으러 들어갔다
fortunately he found plenty to eat
다행히 그는 먹을 것이 많이 있었다
and the merchant tied his horse up to the manger
그리고 상인은 그의 말을 구유에 묶어두었습니다.
walking towards the house he saw no one
그는 집으로 걸어갔지만 아무도 보이지 않았다.
but in a large hall he found a good fire
그러나 그는 큰 홀에서 좋은 불을 발견했습니다.
and he found a table set for one
그리고 그는 한 사람을 위한 테이블을 찾았습니다.
he was wet from the rain and snow
그는 비와 눈에 젖어 있었다
so he went near the fire to dry himself
그래서 그는 몸을 말리기 위해 불 가까이로 갔다
"I hope the master of the house will excuse me"
"집주인께서 저를 용서해 주시기를 바랍니다"

"I suppose it won't take long for someone to appear"
"누군가 나타날 때까지 시간이 오래 걸리지 않을 것 같아요"
He waited a considerable time
그는 상당한 시간을 기다렸다
he waited until it struck eleven, and still nobody came
그는 열한 시가 될 때까지 기다렸지만 여전히 아무도 오지 않았습니다.
at last he was so hungry that he could wait no longer
마침내 그는 너무 배고파서 더 이상 기다릴 수 없었습니다.
he took some chicken and ate it in two mouthfuls
그는 닭고기를 가져다가 두 입에 다 먹었습니다.
he was trembling while eating the food
그는 음식을 먹으면서 떨고 있었다
after this he drank a few glasses of wine
그 후 그는 몇 잔의 와인을 마셨다
growing more courageous he went out of the hall
그는 더욱 용기를 얻어 홀 밖으로 나갔다.
and he crossed through several grand halls
그리고 그는 여러 개의 웅장한 홀을 통과했습니다.
he walked through the palace until he came into a chamber
그는 궁전을 지나 방에 도착할 때까지 걸어갔다.
a chamber which had an exceeding good bed in it
매우 좋은 침대가 있는 방
he was very much fatigued from his ordeal
그는 그의 시련으로 인해 매우 지쳐 있었습니다.
and the time was already past midnight
그리고 시간은 이미 자정을 넘었습니다
so he decided it was best to shut the door
그래서 그는 문을 닫는 것이 최선이라고 결정했습니다.
and he concluded he should go to bed
그리고 그는 잠자리에 들기로 결심했다
It was ten in the morning when the merchant woke up
상인이 깨어난 것은 오전 10시였다.

just as he was going to rise he saw something
그가 일어나려고 할 때 그는 무언가를 보았습니다.
he was astonished to see a clean set of clothes
그는 깨끗한 옷을 보고 놀랐다
in the place where he had left his dirty clothes
그가 더러운 옷을 놓아두었던 그 자리에
"certainly this palace belongs to some kind fairy"
"이 궁전은 분명 어떤 선녀의 소유일 거야"
"a fairy who has seen and pitied me"
" 나를 보고 불쌍히 여기는 요정 "
he looked through a window
그는 창문으로 들여다보았다
but instead of snow he saw the most delightful garden
그러나 그는 눈 대신 가장 아름다운 정원을 보았습니다.
and in the garden were the most beautiful roses
그리고 정원에는 가장 아름다운 장미들이 있었습니다
he then returned to the great hall
그런 다음 그는 대강당으로 돌아갔다.
the hall where he had had soup the night before
그가 전날 밤 수프를 먹었던 홀
and he found some chocolate on a little table
그리고 그는 작은 테이블에서 초콜릿을 발견했습니다.
"Thank you, good Madam Fairy," he said aloud
"고맙습니다, 좋은 요정 부인님." 그는 큰 소리로 말했습니다.
"thank you for being so caring"
"너무나 친절하게 대해주셔서 감사합니다"
"I am extremely obliged to you for all your favours"
"당신의 모든 은혜에 진심으로 감사드립니다"
the kind man drank his chocolate
친절한 남자는 초콜릿을 마셨다
and then he went to look for his horse
그리고 그는 말을 찾으러 갔다
but in the garden he remembered Beauty's request
그러나 정원에서 그는 아름다움의 요청을 기억했습니다.

and he cut off a branch of roses
그리고 그는 장미 가지를 잘랐다
immediately he heard a great noise
그는 즉시 큰 소리를 들었습니다.
and he saw a terribly frightful Beast
그리고 그는 매우 무서운 짐승을 보았습니다.
he was so scared that he was ready to faint
그는 너무 무서워서 기절할 지경이었다
"You are very ungrateful," said the Beast to him
"너는 정말 배은망덕하구나." 짐승이 그에게 말했다.
and the Beast spoke in a terrible voice
그리고 그 짐승은 무서운 목소리로 말했습니다.
"I have saved your life by allowing you into my castle"
"내가 너를 내 성으로 들여보냄으로써 네 생명을 구했다"
"and for this you steal my roses in return?"
"그리고 그 대가로 당신은 내 장미를 훔쳐갔어요?"
"The roses which I value beyond anything"
"내가 무엇보다도 소중히 여기는 장미"
"but you shall die for what you've done"
"그러나 너는 네가 행한 일로 인해 죽을 것이다"
"I give you but a quarter of an hour to prepare yourself"
"나는 당신에게 준비할 시간을 15분만 드리겠습니다"
"get yourself ready for death and say your prayers"
"죽음을 준비하고 기도하세요"
the merchant fell on his knees
상인은 무릎을 꿇었다
and he lifted up both his hands
그리고 그는 두 손을 들어올렸다
"My lord, I beseech you to forgive me"
"주님, 저를 용서해 주시기를 간청합니다"
"I had no intention of offending you"
"나는 당신을 화나게 할 의도가 없었습니다"
"I gathered a rose for one of my daughters"
"나는 내 딸 중 한 명을 위해 장미를 모았습니다"
"she asked me to bring her a rose"

"그녀가 내게 장미 한 송이 가져다 달라고 부탁했어"
"I am not your lord, but I am a Beast," replied the monster
"나는 당신의 주인이 아니라 짐승입니다." 괴물이 대답했습니다.
"I don't love compliments"
"나는 칭찬을 좋아하지 않는다"
"I like people who speak as they think"
"나는 생각대로 말하는 사람을 좋아한다"
"do not imagine I can be moved by flattery"
"내가 아첨에 감동받을 수 있다고 생각하지 마세요"
"But you say you have got daughters"
"그런데 당신은 딸이 있다고 하셨잖아요"
"I will forgive you on one condition"
"한 가지 조건으로 당신을 용서하겠습니다"
"one of your daughters must come to my palace willingly"
"너희 딸 중 한 명이 기꺼이 내 궁전에 와야 한다"
"and she must suffer for you"
"그리고 그녀는 당신을 위해 고통을 겪어야 합니다"
"Let me have your word"
"당신의 말을 들어보세요"
"and then you can go about your business"
"그리고 나서 당신은 당신의 일을 계속할 수 있습니다"
"Promise me this:"
"나에게 이걸 약속해:"
"if your daughter refuses to die for you, you must return within three months"
"만약 당신의 딸이 당신을 위해 죽기를 거부한다면, 당신은 3개월 안에 돌아와야 합니다"
the merchant had no intentions to sacrifice his daughters
상인은 딸들을 희생시킬 생각이 전혀 없었다
but, since he was given time, he wanted to see his daughters once more
하지만 시간이 주어지자 그는 딸들을 다시 한 번 보고 싶어했습니다.
so he promised he would return

그래서 그는 돌아올 것을 약속했습니다
and the Beast told him he might set out when he pleased
그리고 그 짐승은 그가 원할 때 출발할 수 있다고 그에게 말했습니다.
and the Beast told him one more thing
그리고 그 짐승은 그에게 한 가지 더 말했습니다.
"you shall not depart empty handed"
"너희는 빈손으로 떠나지 말라"
"go back to the room where you lay"
"너가 누워 있던 방으로 돌아가라"
"you will see a great empty treasure chest"
"당신은 큰 빈 보물 상자를 보게 될 것입니다"
"fill the treasure chest with whatever you like best"
"당신이 가장 좋아하는 것으로 보물상자를 채워보세요"
"and I will send the treasure chest to your home"
"그리고 나는 보물상자를 당신 집으로 보내줄게요"
and at the same time the Beast withdrew
그리고 동시에 짐승은 물러났다
"Well," said the good man to himself
"글쎄요." 선한 사람이 스스로에게 말했습니다.
"if I must die, I shall at least leave something to my children"
"내가 죽어야 한다면 적어도 자식들에게 뭔가를 남겨주겠다"
so he returned to the bedchamber
그래서 그는 침실로 돌아갔다
and he found a great many pieces of gold
그리고 그는 많은 금화들을 발견했습니다.
he filled the treasure chest the Beast had mentioned
그는 짐승이 언급한 보물 상자를 채웠다
and he took his horse out of the stable
그리고 그는 말을 마구간에서 꺼냈다.
the joy he felt when entering the palace was now equal to the grief he felt leaving it
궁전에 들어갔을 때 느꼈던 기쁨은 이제 궁전을 나설 때

느꼈던 슬픔과 같았다.
the horse took one of the roads of the forest
말은 숲길 중 하나를 택했다
and in a few hours the good man was home
그리고 몇 시간 후에 좋은 사람이 집에 왔습니다.
his children came to him
그의 아이들이 그에게 왔다
but instead of receiving their embraces with pleasure, he looked at them
그러나 그는 그들의 포옹을 기쁘게 받아들이는 대신 그들을 바라보았습니다.
he held up the branch he had in his hands
그는 손에 들고 있던 나뭇가지를 들어올렸다
and then he burst into tears
그리고 그는 눈물을 터뜨렸습니다
"Beauty," he said, "please take these roses"
"아름다움이여," 그는 말했다, "이 장미들을 가져가세요"
"you can't know how costly these roses have been"
"이 장미가 얼마나 비싼지 알 수 없을 거야"
"these roses have cost your father his life"
"이 장미 때문에 당신 아버지의 목숨이 앗겨갔어요"
and then he told of his fatal adventure
그리고 그는 자신의 치명적인 모험에 대해 이야기했습니다.
immediately the two eldest sisters cried out
그러자 큰 자매 둘이 즉시 소리쳤다.
and they said many mean things to their beautiful sister
그리고 그들은 아름다운 여동생에게 많은 못된 말을 했습니다.
but Beauty did not cry at all
하지만 미인은 전혀 울지 않았다
"Look at the pride of that little wretch," said they
"저 꼬마의 자존심을 봐요." 그들이 말했다.
"she did not ask for fine clothes"
"그녀는 좋은 옷을 요구하지 않았다"

"she should have done what we did"
"그녀는 우리가 한 일을 했어야 했어"
"she wanted to distinguish herself"
"그녀는 자신을 구별하고 싶어했습니다"
"so now she will be the death of our father"
"그러니까 이제 그녀는 우리 아버지의 죽음이 될 거야"
"and yet she does not shed a tear"
"그래도 그녀는 눈물을 흘리지 않는다"
"Why should I cry?" answered Beauty
"왜 울어야 하나요?" 미인이 대답했다
"crying would be very needless"
"울어도 소용없어"
"my father will not suffer for me"
"내 아버지는 나 때문에 고통을 겪지 않을 거야"
"the monster will accept of one of his daughters"
"괴물은 자기 딸 중 하나를 받아들일 것이다"
"I will offer myself up to all his fury"
"나는 그의 모든 분노에 나 자신을 바칠 것이다"
"I am very happy, because my death will save my father's life"
"저는 매우 행복합니다. 제 죽음이 아버지의 생명을 구할 것이기 때문입니다."
"my death will be a proof of my love"
"내 죽음은 내 사랑의 증거가 될 것이다"
"No, sister," said her three brothers
"아니요, 자매님." 그녀의 세 형제가 말했습니다.
"that shall not be"
"그것은 아닐 것이다"
"we will go find the monster"
"우리는 괴물을 찾아갈 것이다"
"and either we will kill him..."
"그리고 우리가 그를 죽일 거야..."
"... or we will perish in the attempt"
"... 그렇지 않으면 우리는 시도에서 죽을 것입니다"
"Do not imagine any such thing, my sons," said the merchant

"아들아, 그런 일은 상상도 하지 마라" 상인이 말했다.
"the Beast's power is so great that I have no hope you could overcome him"
"짐승의 힘이 너무 강해서 네가 그를 이길 수 있을 리가 없어"
"I am charmed with Beauty's kind and generous offer"
"나는 아름다움의 친절하고 관대한 제안에 매료되었습니다"
"but I cannot accept to her generosity"
"하지만 나는 그녀의 관대함을 받아들일 수 없어"
"I am old, and I don't have long to live"
"나는 늙었고, 더 이상 살 수 없습니다"
"so I can only loose a few years"
"그래서 몇 년만 잃을 수 있을 거야"
"time which I regret for you, my dear children"
"내가 너희를 위해 애석하게 여기는 시간, 나의 사랑하는 자녀들아"
"But father," said Beauty
"하지만 아버지," 미인이 말했다
"you shall not go to the palace without me"
"내가 없이는 궁전에 갈 수 없다"
"you cannot stop me from following you"
"너는 내가 너를 따라가는 것을 막을 수 없어"
nothing could convince Beauty otherwise
그렇지 않으면 아름다움을 설득할 수 있는 것은 아무것도 없습니다.
she insisted on going to the fine palace
그녀는 아름다운 궁전에 가는 것을 고집했다
and her sisters were delighted at her insistence
그리고 그녀의 자매들은 그녀의 주장에 기뻐했습니다.
The merchant was worried at the thought of losing his daughter
상인은 딸을 잃을까봐 걱정이 되었습니다.
he was so worried that he had forgotten about the chest full of gold

그는 너무 걱정해서 금으로 가득 찬 상자를 잊어버렸다
at night he retired to rest, and he shut his chamber door
밤에 그는 쉬기 위해 물러났고 방문을 닫았습니다.
then, to his great astonishment, he found the treasure by his bedside
그러자 그는 침대 옆에 보물이 있는 것을 보고 매우 놀랐습니다.
he was determined not to tell his children
그는 자녀들에게 말하지 않기로 결심했다
if they knew, they would have wanted to return to town
그들이 알았다면 그들은 마을로 돌아가고 싶어했을 것이다
and he was resolved not to leave the countryside
그리고 그는 시골을 떠나지 않기로 결심했습니다.
but he trusted Beauty with the secret
그러나 그는 아름다움에게 비밀을 맡겼다
she informed him that two gentlemen had came
그녀는 그에게 두 명의 신사가 왔다고 알렸다.
and they made proposals to her sisters
그리고 그들은 그녀의 자매들에게 제안을 했습니다.
she begged her father to consent to their marriage
그녀는 그녀의 아버지에게 그들의 결혼에 동의해 달라고 간청했습니다.
and she asked him to give them some of his fortune
그리고 그녀는 그에게 그의 재산 중 일부를 그들에게 주라고 했습니다.
she had already forgiven them
그녀는 이미 그들을 용서했다
the wicked creatures rubbed their eyes with onions
사악한 생물들은 양파로 눈을 비볐다
to force some tears when they parted with their sister
언니와 헤어질 때 눈물을 흘리게 하려고
but her brothers really were concerned
하지만 그녀의 형제들은 정말로 걱정하고 있었어요
Beauty was the only one who did not shed any tears

눈물을 흘리지 않는 유일한 사람은 미인이었다
she did not want to increase their uneasiness
그녀는 그들의 불안감을 키우고 싶지 않았다
the horse took the direct road to the palace
말은 궁전으로 가는 직행 도로를 택했다
and towards evening they saw the illuminated palace
그리고 저녁 무렵 그들은 빛나는 궁전을 보았습니다.
the horse took himself into the stable again
말은 다시 마구간으로 들어갔다
and the good man and his daughter went into the great hall
그리고 선한 남자와 그의 딸은 큰 홀로 들어갔다.
here they found a table splendidly served up
여기서 그들은 훌륭하게 차려진 테이블을 발견했습니다.
the merchant had no appetite to eat
상인은 먹을 식욕이 없었다
but Beauty endeavoured to appear cheerful
그러나 아름다움은 쾌활해 보이려고 노력했다
she sat down at the table and helped her father
그녀는 테이블에 앉아서 아버지를 도왔습니다.
but she also thought to herself:
하지만 그녀는 또한 자신에게 이렇게 생각했습니다.
"Beast surely wants to fatten me before he eats me"
"짐승은 나를 먹기 전에 나를 살찌우고 싶어할 거야"
"that is why he provides such plentiful entertainment"
"그래서 그는 그토록 풍부한 오락을 제공하는 거야"
after they had eaten they heard a great noise
그들이 먹은 후에 큰 소리가 들렸다
and the merchant bid his unfortunate child farewell, with tears in his eyes
그리고 상인은 눈물을 흘리며 불행한 아이에게 작별 인사를 했습니다.
because he knew the Beast was coming
그는 짐승이 올 것을 알았기 때문이다
Beauty was terrified at his horrid form
미인은 그의 끔찍한 모습에 겁에 질렸다

but she took courage as well as she could
하지만 그녀는 할 수 있는 한 용기를 냈습니다.
and the monster asked her if she came willingly
그리고 괴물은 그녀에게 기꺼이 왔는지 물었습니다.
"yes, I have come willingly," she said trembling
"그래요, 저는 기꺼이 왔어요." 그녀는 떨면서 말했다.
the Beast responded, "You are very good"
짐승은 "너는 정말 훌륭하다"고 대답했다.
"and I am greatly obliged to you; honest man"
"그리고 나는 당신에게 큰 감사를 표합니다. 정직한 사람이시군요"
"go your ways tomorrow morning"
"내일 아침에 가거라".
"but never think of coming here again"
"하지만 다시는 여기 오는 생각은 하지 마세요"
"Farewell Beauty, farewell Beast," he answered
"안녕, 미녀야, 안녕, 야수야." 그가 대답했다.
and immediately the monster withdrew
그리고 괴물은 즉시 물러났다
"Oh, daughter," said the merchant
"아, 딸아." 상인이 말했다.
and he embraced his daughter once more
그리고 그는 다시 한번 딸을 껴안았다.
"I am almost frightened to death"
"나는 거의 죽을 정도로 무서워요"
"believe me, you had better go back"
"나를 믿어, 너는 돌아가는 게 낫겠다"
"let me stay here, instead of you"
"내가 너 대신 여기 머물게 해줘"
"No, father," said Beauty, in a resolute tone
"아니요, 아버지." 미인이 단호한 어조로 말했다.
"you shall set out tomorrow morning"
"너는 내일 아침에 출발해야 한다"
"leave me to the care and protection of providence"
"나를 보호와 보살핌에 맡겨주세요"

nonetheless they went to bed
그럼에도 불구하고 그들은 잠자리에 들었다
they thought they would not close their eyes all night
그들은 밤새 눈을 감지 않을 거라고 생각했다
but just as they lay down they slept
하지만 그들이 누워있는 순간 그들은 잠들었다
Beauty dreamed a fine lady came and said to her:
미인은 아름다운 여인이 와서 말하는 꿈을 꾸었습니다.
"I am content, Beauty, with your good will"
"나는 당신의 호의에 만족합니다, 아름다움이여"
"this good action of yours shall not go unrewarded"
"당신의 이 좋은 행동은 보상받지 못할 것이 없습니다"
Beauty waked and told her father her dream
미녀는 깨어나서 아버지에게 자신의 꿈을 말했습니다.
the dream helped to comfort him a little
그 꿈은 그에게 약간이나마 위로가 되었다
but he could not help crying bitterly as he was leaving
그러나 그는 떠나면서 몹시 울음을 참을 수 없었다.
as soon as he was gone, Beauty sat down in the great hall and cried too
그가 떠나자마자 미인은 대강당에 앉아 울기 시작했습니다.
but she resolved not to be uneasy
하지만 그녀는 불안해하지 않기로 결심했습니다.
she decided to be strong for the little time she had left to live
그녀는 남은 짧은 시간 동안 강해지기로 결심했습니다.
because she firmly believed the Beast would eat her
그녀는 짐승이 자신을 먹을 것이라고 굳게 믿었기 때문입니다.
however, she thought she might as well explore the palace
그러나 그녀는 궁전을 탐험하는 것이 좋을 것이라고 생각했습니다.
and she wanted to view the fine castle
그리고 그녀는 아름다운 성을 보고 싶어했습니다.
a castle which she could not help admiring

그녀가 감탄하지 않을 수 없었던 성
it was a delightfully pleasant palace
그것은 매우 즐거운 궁전이었습니다
and she was extremely surprised at seeing a door
그리고 그녀는 문을 보고 매우 놀랐습니다.
and over the door was written that it was her room
그리고 문 위에는 그녀의 방이라고 쓰여 있었습니다.
she opened the door hastily
그녀는 서둘러 문을 열었다
and she was quite dazzled with the magnificence of the room
그리고 그녀는 그 방의 웅장함에 완전히 매료되었습니다.
what chiefly took up her attention was a large library
그녀의 관심을 가장 많이 끈 것은 큰 도서관이었습니다.
a harpsichord and several music books
하프시코드와 여러 악보
"Well," said she to herself
그녀는 스스로에게 "글쎄요."라고 말했습니다.
"I see the Beast will not let my time hang heavy"
"나는 짐승이 내 시간을 무겁게 매달리지 않게 할 것이라는 것을 봅니다"
then she reflected to herself about her situation
그러자 그녀는 자신의 상황을 곰곰이 생각해보았다.
"If I was meant to stay a day all this would not be here"
"내가 하루만 머물기로 했다면 이 모든 것이 여기 있지 않았을 거야"
this consideration inspired her with fresh courage
이러한 고려 사항은 그녀에게 새로운 용기를 불어넣었습니다.
and she took a book from her new library
그리고 그녀는 그녀의 새로운 도서관에서 책 한 권을 가져왔습니다
and she read these words in golden letters:
그리고 그녀는 금색 글자로 된 이 글을 읽었습니다:

"Welcome Beauty, banish fear"
"아름다움을 환영하고 두려움을 몰아내세요"
"You are queen and mistress here"
"당신은 여기의 여왕이자 여주인이에요"
"Speak your wishes, speak your will"
"당신의 소원을 말하세요, 당신의 의지를 말하세요"
"Swift obedience meets your wishes here"
"여기서는 신속한 복종이 당신의 소원을 들어줍니다"
"Alas," said she, with a sigh
그녀는 한숨을 쉬며 "아아,"라고 말했습니다.
"Most of all I wish to see my poor father"
"가장 보고 싶은 건 가난한 아버지를 뵙는 거예요"
"and I would like to know what he is doing"
"그리고 나는 그가 무엇을 하고 있는지 알고 싶습니다"
As soon as she had said this she noticed the mirror
그녀가 이렇게 말하자마자 그녀는 거울을 보았습니다.
to her great amazement she saw her own home in the mirror
그녀는 거울 속에서 자신의 집을 보고 매우 놀랐습니다.
her father arrived emotionally exhausted
그녀의 아버지는 감정적으로 지쳐 도착했습니다.
her sisters went to meet him
그녀의 자매들은 그를 만나러 갔다
despite their attempts to appear sorrowful, their joy was visible
그들이 슬퍼 보이려고 노력했음에도 불구하고 그들의 기쁨은 눈에 띄었습니다.
a moment later everything disappeared
잠시 후 모든 것이 사라졌습니다.
and Beauty's apprehensions disappeared too
그리고 미인에 대한 걱정도 사라졌다
for she knew she could trust the Beast
그녀는 그 짐승을 믿을 수 있다는 것을 알았기 때문이다.
At noon she found dinner ready
정오에 그녀는 저녁 식사가 준비된 것을 발견했습니다.
she sat herself down at the table

그녀는 테이블에 앉았다
and she was entertained with a concert of music
그리고 그녀는 음악 콘서트로 즐거운 시간을 보냈습니다.
although she couldn't see anybody
그녀는 누구도 볼 수 없었지만
at night she sat down for supper again
밤에 그녀는 다시 저녁 식사를 위해 앉았습니다.
this time she heard the noise the Beast made
이번에 그녀는 짐승이 내는 소리를 들었다
and she could not help being terrified
그리고 그녀는 겁에 질리지 않을 수 없었습니다.
"Beauty," said the monster
"아름다움"이라고 괴물이 말했다
"do you allow me to eat with you?"
"나랑 같이 식사해도 돼?"
"do as you please," Beauty answered trembling
"당신 마음대로 하세요." 미인이 떨면서 대답했다.
"No," replied the Beast
"아니요." 짐승이 대답했습니다.
"you alone are mistress here"
"여기서 당신만이 여주인이에요"
"you can send me away if I'm troublesome"
"내가 귀찮으면 날 보내도 돼"
"send me away and I will immediately withdraw"
"나를 보내주시면 즉시 철수하겠습니다"
"But, tell me; do you not think I am very ugly?"
"하지만 말해봐요. 내가 매우 못생겼다고 생각하지 않아요?"
"That is true," said Beauty
"그게 사실이에요." 미인이 말했다.
"I cannot tell a lie"
"나는 거짓말을 할 수 없다"
"but I believe you are very good natured"
"하지만 당신은 성격이 매우 좋은 것 같아요"

"I am indeed," said the monster
"나는 정말로 그렇다"고 괴물이 말했다.
"But apart from my ugliness, I also have no sense"
"하지만 내 추함 말고는 아무런 감각도 없어"
"I know very well that I am a silly creature"
"나는 내가 어리석은 존재라는 것을 잘 알고 있습니다"
"It is no sign of folly to think so," replied Beauty
"그렇게 생각하는 것은 어리석은 일이 아닙니다." 미인이 대답했습니다.
"Eat then, Beauty," said the monster
"그럼 먹어라, 미인아." 괴물이 말했다.
"try to amuse yourself in your palace"
"궁전에서 즐겁게 놀아보세요"
"everything here is yours"
"여기 있는 모든 것은 당신 것입니다"
"and I would be very uneasy if you were not happy"
"그리고 당신이 행복하지 않다면 나는 매우 불안할 것입니다"
"You are very obliging," answered Beauty
"당신은 매우 친절합니다."라고 미인이 대답했습니다.
"I admit I am pleased with your kindness"
"나는 당신의 친절에 기쁘다는 것을 인정합니다"
"and when I consider your kindness, I hardly notice your deformities"
"그리고 내가 당신의 친절을 생각할 때, 나는 당신의 기형을 거의 알아차리지 못합니다"
"Yes, yes," said the Beast, "my heart is good
"그렇습니다, 그렇습니다." 짐승이 말했다. "내 마음은 좋습니다.
"but although I am good, I am still a monster"
"하지만 내가 아무리 착하더라도 나는 여전히 괴물이야"
"There are many men that deserve that name more than you"
"당신보다 그 이름을 받을 만한 남자가 많이 있어요"
"and I prefer you just as you are"
"그리고 나는 당신을 있는 그대로 더 좋아한다"

"and I prefer you more than those who hide an ungrateful heart"
"그리고 나는 은혜를 모르는 마음을 숨기는 자들보다 너희를 더 사랑하노라"
"if only I had some sense," replied the Beast
"내게 약간의 감각만 있었으면" 짐승이 대답했다.
"if I had sense I would make a fine compliment to thank you"
"내가 제정신이라면 당신에게 훌륭한 칭찬을 해서 감사를 표하고 싶습니다"
"but I am so dull"
"하지만 나는 너무 지루해"
"I can only say I am greatly obliged to you"
"나는 당신에게 큰 감사를 표할 뿐입니다"
Beauty ate a hearty supper
미인은 풍성한 저녁을 먹었습니다
and she had almost conquered her dread of the monster
그리고 그녀는 괴물에 대한 공포를 거의 극복했습니다.
but she wanted to faint when the Beast asked her the next question
하지만 짐승이 다음 질문을 하자 그녀는 기절할 뻔했다.
"Beauty, will you be my wife?"
"아가씨, 제 아내가 되어 주시겠어요?"
she took some time before she could answer
그녀는 대답하기까지 시간이 좀 걸렸다
because she was afraid of making him angry
그녀는 그를 화나게 할까봐 두려웠기 때문이다
at last, however, she said "no, Beast"
하지만 마침내 그녀는 "아니, 짐승아"라고 말했습니다.
immediately the poor monster hissed very frightfully
불쌍한 괴물은 즉시 매우 무섭게 쉿쉿거렸습니다.
and the whole palace echoed
그리고 궁전 전체가 울려 퍼졌다
but Beauty soon recovered from her fright
그러나 아름다움은 곧 그녀의 공포에서 회복되었습니다.

because Beast spoke again in a mournful voice
짐승이 다시 슬픈 목소리로 말을 했기 때문이다.
"then farewell, Beauty"
"그럼 안녕, 아름다움"
and he only turned back now and then
그리고 그는 가끔씩만 뒤돌아보았다
to look at her as he went out
그가 나갈 때 그녀를 바라보다
now Beauty was alone again
이제 아름다움은 다시 혼자가 되었습니다
she felt a great deal of compassion
그녀는 큰 연민을 느꼈다
"Alas, it is a thousand pities"
"아, 정말 안타까운 일이에요"
"anything so good natured should not be so ugly"
"그렇게 좋은 성격의 것은 그렇게 추할 수 없다"
Beauty spent three months very contentedly in the palace
미인은 궁전에서 3개월을 매우 만족스럽게 보냈다
every evening the Beast paid her a visit
매일 저녁 짐승이 그녀를 방문했습니다.
and they talked during supper
그리고 그들은 저녁 식사 중에 이야기를 나누었습니다
they talked with common sense
그들은 상식적으로 이야기했다
but they didn't talk with what people call wittiness
하지만 그들은 사람들이 재치있게 말하는 것을 하지 않았습니다.
Beauty always discovered some valuable character in the Beast
미인은 항상 야수에게서 귀중한 특성을 발견합니다
and she had gotten used to his deformity
그리고 그녀는 그의 기형에 익숙해졌다
she didn't dread the time of his visit anymore
그녀는 더 이상 그의 방문 시간을 두려워하지 않았습니다.

now she often looked at her watch
이제 그녀는 종종 시계를 보았다
and she couldn't wait for it to be nine o'clock
그리고 그녀는 9시가 되기를 기다릴 수 없었습니다.
because the Beast never missed coming at that hour
그 짐승은 그 시간에 결코 오지 않았기 때문이다
there was only one thing that concerned Beauty
아름다움에 관한 것은 오직 하나뿐이었다
every night before she went to bed the Beast asked her the same question
매일 밤 그녀가 잠자리에 들기 전에 짐승은 그녀에게 같은 질문을 던졌습니다.
the monster asked her if she would be his wife
괴물은 그녀에게 자신의 아내가 되어줄 것인지 물었다
one day she said to him, "Beast, you make me very uneasy"
어느 날 그녀는 그에게 말했다, "짐승아, 너는 나를 매우 불안하게 만든다"
"I wish I could consent to marry you"
"내가 당신과 결혼하는 데 동의할 수 있었으면 좋겠어요"
"but I am too sincere to make you believe I would marry you"
"하지만 나는 너무 진심이어서 당신과 결혼할 거라고 믿게 만들 수 없어"
"our marriage will never happen"
"우리 결혼은 절대 안 될 거야"
"I shall always see you as a friend"
"나는 당신을 항상 친구로 볼 것입니다"
"please try to be satisfied with this"
"이것으로 만족하려고 노력해주세요"
"I must be satisfied with this," said the Beast
"나는 이것으로 만족해야 한다"고 짐승이 말했다.
"I know my own misfortune"
"나는 내 불행을 알고 있다"
"but I love you with the tenderest affection"
"하지만 나는 당신을 가장 부드러운 애정으로

사랑합니다"
"However, I ought to consider myself as happy"
"그러나 나는 나 자신을 행복하다고 생각해야 합니다"
"and I should be happy that you will stay here"
"그리고 당신이 여기 머물러서 행복할 것 같아요"
"promise me never to leave me"
"나를 절대 떠나지 않겠다고 약속해"
Beauty blushed at these words
이 말에 미녀는 얼굴이 붉어졌다
one day Beauty was looking in her mirror
어느 날 미인이 거울을 들여다보고 있었습니다
her father had worried himself sick for her
그녀의 아버지는 그녀를 걱정하며 괴로워했습니다.
she longed to see him again more than ever
그녀는 그 어느 때보다도 그를 다시 만나고 싶어했다
"I could promise never to leave you entirely"
"나는 당신을 완전히 떠나지 않을 거라고 약속할 수 있어요"
"but I have so great a desire to see my father"
"하지만 나는 아버지를 보고 싶은 마음이 너무 강해요"
"I would be impossibly upset if you say no"
"당신이 거절한다면 나는 엄청나게 화가 날 것이다"
"I had rather die myself," said the monster
"나는 차라리 스스로 죽는 편이 낫다"고 괴물이 말했다.
"I would rather die than make you feel uneasiness"
"당신을 불안하게 만들기보다는 차라리 죽고 싶다"
"I will send you to your father"
"내가 너를 네 아버지께로 보내리라"
"you shall remain with him"
"너는 그와 함께 있을 것이다"
"and this unfortunate Beast will die with grief instead"
"그리고 이 불행한 짐승은 대신 슬픔과 함께 죽을 것입니다"
"No," said Beauty, weeping
"아니요." 미인이 울면서 말했다.

"I love you too much to be the cause of your death"
"나는 당신을 너무 사랑해서 당신의 죽음을 초래할 수 없습니다"
"I give you my promise to return in a week"
"일주일 후에 돌아오겠다고 약속드립니다"
"You have shown me that my sisters are married"
"당신은 내 자매들이 결혼했다는 것을 나에게 보여 주셨습니다"
"and my brothers have gone to the army"
"그리고 내 형제들은 군대에 갔어요"
"let me stay a week with my father, as he is alone"
"아버지가 혼자 계시니 일주일 정도 아버지 집에 머물게 해 주세요"
"You shall be there tomorrow morning," said the Beast
"너는 내일 아침 거기 있을 거야." 짐승이 말했다.
"but remember your promise"
"하지만 당신의 약속을 기억하세요"
"You need only lay your ring on a table before you go to bed"
"잠자리에 들기 전에 반지를 테이블 위에 올려놓기만 하면 돼요"
"and then you will be brought back before the morning"
"그러면 너는 아침이 오기 전에 다시 데려와질 것이다"
"Farewell dear Beauty," sighed the Beast
"안녕, 사랑하는 아름다움아." 짐승이 한숨을 쉬며 말했다.

Beauty went to bed very sad that night
미인은 그날 밤 매우 슬픈 마음으로 잠자리에 들었습니다.
because she didn't want to see Beast so worried
그녀는 짐승이 그렇게 걱정하는 것을 보고 싶지 않았기 때문이다
the next morning she found herself at her father's home
다음날 아침 그녀는 아버지 집에 있었습니다.
she rung a little bell by her bedside

그녀는 침대 옆에 있는 작은 종을 울렸다
and the maid gave a loud shriek
그리고 하녀는 큰 비명을 질렀다.
and her father ran upstairs
그리고 그녀의 아버지는 위층으로 달려갔다
he thought he was going to die with joy
그는 기쁨으로 죽을 줄 알았다
he held her in his arms for quarter of an hour
그는 그녀를 15분 동안 팔에 안고 있었다
eventually the first greetings were over
마침내 첫 인사가 끝났다
Beauty began to think of getting out of bed
미인은 침대에서 나오는 것에 대해 생각하기 시작했습니다.
but she realized she had brought no clothes
하지만 그녀는 옷을 하나도 가지고 오지 않았다는 것을 깨달았습니다.
but the maid told her she had found a box
하지만 하인은 그녀에게 상자를 찾았다고 말했습니다.
the large trunk was full of gowns and dresses
큰 트렁크에는 가운과 드레스가 가득 차 있었습니다.
each gown was covered with gold and diamonds
각 가운은 금과 다이아몬드로 덮여 있었습니다.
Beauty thanked Beast for his kind care
미녀는 야수의 친절한 보살핌에 감사를 표했다
and she took one of the plainest of the dresses
그리고 그녀는 가장 단순한 드레스 중 하나를 입었습니다.
she intended to give the other dresses to her sisters
그녀는 나머지 드레스들을 자매들에게 주려고 했습니다.
but at that thought the chest of clothes disappeared
그런데 그 생각에 옷 상자가 사라져 버렸다
Beast had insisted the clothes were for her only
짐승은 그 옷이 그녀만을 위한 것이라고 주장했다
her father told her that this was the case

그녀의 아버지는 이것이 사실이라고 그녀에게
말했습니다.
and immediately the trunk of clothes came back again
그리고 곧 옷 상자가 다시 돌아왔습니다.
Beauty dressed herself with her new clothes
미인은 새로운 옷을 입고 차려입었다
and in the meantime maids went to find her sisters
그리고 그 사이에 하인들은 그녀의 자매들을 찾으러
갔다
both her sister were with their husbands
그녀의 자매 둘 다 남편과 함께 있었습니다
but both her sisters were very unhappy
하지만 그녀의 두 자매는 모두 매우 불행했습니다.
her eldest sister had married a very handsome gentleman
그녀의 큰 언니는 매우 잘생긴 신사와 결혼했습니다.
but he was so fond of himself that he neglected his wife
그러나 그는 자신을 너무 사랑해서 아내를 소홀히
했습니다.
her second sister had married a witty man
그녀의 두 번째 자매는 재치있는 남자와 결혼했습니다.
but he used his wittiness to torment people
하지만 그는 자신의 재치를 이용해 사람들을 괴롭혔다
and he tormented his wife most of all
그리고 그는 그의 아내를 가장 괴롭혔다
Beauty's sisters saw her dressed like a princess
미인의 자매들은 그녀가 공주처럼 차려입은 것을 보았다
and they were sickened with envy
그리고 그들은 질투에 질려 있었습니다.
now she was more beautiful than ever
이제 그녀는 그 어느 때보다 더 아름다웠다
her affectionate behaviour could not stifle their jealousy
그녀의 애정 어린 행동은 그들의 질투를 억누를 수
없었다
she told them how happy she was with the Beast
그녀는 그들에게 자신이 그 짐승과 얼마나 행복한지

말했습니다.
and their jealousy was ready to burst
그리고 그들의 질투는 터질 준비가 되었습니다.
They went down into the garden to cry about their misfortune
그들은 불행을 울기 위해 정원으로 내려갔습니다.
"In what way is this little creature better than us?"
"이 작은 생물이 우리보다 어떤 면에서 나을 수가 있을까?"
"Why should she be so much happier?"
"그녀가 왜 그렇게 더 행복해야 할까요?"
"Sister," said the older sister
"언니," 언니가 말했다.
"a thought just struck my mind"
"방금 어떤 생각이 떠올랐어요"
"let us try to keep her here for more than a week"
"그녀를 일주일 이상 여기 머물게 해보자"
"perhaps this will enrage the silly monster"
"아마도 이게 어리석은 괴물을 화나게 할 거야"
"because she would have broken her word"
"그녀가 약속을 어겼을 테니까"
"and then he might devour her"
"그러면 그는 그녀를 삼킬 수도 있습니다"
"that's a great idea," answered the other sister
"좋은 생각이네요." 다른 자매가 대답했다.
"we must show her as much kindness as possible"
"우리는 그녀에게 가능한 한 많은 친절을 보여야 합니다"
the sisters made this their resolution
자매들은 이것을 결심했습니다
and they behaved very affectionately to their sister
그리고 그들은 자매에게 매우 애정을 가지고 행동했습니다.
poor Beauty wept for joy from all their kindness
불쌍한 미녀는 그들의 모든 친절에 기쁨으로 울었습니다.

when the week was expired, they cried and tore their hair
일주일이 지나자 그들은 울고 머리를 뜯었다.
they seemed so sorry to part with her
그들은 그녀와 헤어지는 것이 너무 미안해 보였다
and Beauty promised to stay a week longer
그리고 아름다움은 일주일 더 머물겠다고 약속했습니다
In the meantime, Beauty could not help reflecting on herself
그 사이에 미인은 자기 자신을 돌아보지 않을 수 없었다.
she worried what she was doing to poor Beast
그녀는 불쌍한 짐승에게 무슨 짓을 하고 있는지 걱정했습니다.
she know that she sincerely loved him
그녀는 자신이 그를 진심으로 사랑한다는 것을 알고 있다
and she really longed to see him again
그리고 그녀는 정말로 그를 다시 만나고 싶어했습니다
the tenth night she spent at her father's too
그녀도 아버지 집에서 보낸 열 번째 밤
she dreamed she was in the palace garden
그녀는 궁전 정원에 있는 꿈을 꾸었다
and she dreamt she saw the Beast extended on the grass
그리고 그녀는 짐승이 풀밭 위로 뻗어 있는 것을 꿈꿨습니다.
he seemed to reproach her in a dying voice
그는 죽어가는 목소리로 그녀를 비난하는 듯했다.
and he accused her of ingratitude
그리고 그는 그녀가 배은망덕하다고 비난했습니다.
Beauty woke up from her sleep
미녀가 잠에서 깨어났다
and she burst into tears
그리고 그녀는 눈물을 터뜨렸다
"Am I not very wicked?"
"내가 매우 사악하지 않은가?"
"Was it not cruel of me to act so unkindly to the Beast?"
"내가 그 짐승에게 그토록 불친절하게 대하는 게

잔인하지 않았나요?"
"Beast did everything to please me"
"짐승은 나를 기쁘게 하기 위해 모든 것을 다 했다"
"Is it his fault that he is so ugly?"
"그가 그렇게 못생긴 게 그의 잘못이에요?"
"Is it his fault that he has so little wit?"
"그가 재치가 없는 게 그의 잘못인가요?"
"He is kind and good, and that is sufficient"
"그는 친절하고 착하며, 그것으로 충분합니다"
"Why did I refuse to marry him?"
"왜 나는 그와 결혼하는 것을 거부했을까?"
"I should be happy with the monster"
"나는 괴물과 함께 행복해야 한다"
"look at the husbands of my sisters"
"내 자매들의 남편들을 보세요"
"neither wittiness, nor a being handsome makes them good"
"재치도 없고, 잘생겼다는 것도 그들을 훌륭하게 만들지 못한다"
"neither of their husbands makes them happy"
"그들의 남편 중 누구도 그들을 행복하게 해주지 않는다"
"but virtue, sweetness of temper, and patience"
"그러나 미덕, 온화한 성격, 인내심"
"these things make a woman happy"
"이런 것들이 여자를 행복하게 만든다"
"and the Beast has all these valuable qualities"
"그리고 그 짐승은 이 모든 귀중한 자질을 가지고 있습니다"
"it is true; I do not feel the tenderness of affection for him"
"그렇습니다. 나는 그에게 애정의 부드러움을 느끼지 못합니다"
"but I find I have the highest gratitude for him"
"하지만 나는 그에게 가장 큰 감사를 느낀다"
"and I have the highest esteem of him"
"그리고 나는 그를 가장 존경합니다"
"and he is my best friend"

"그리고 그는 내 가장 친한 친구야"
"I will not make him miserable"
"나는 그를 불행하게 만들지 않을 것이다"
"If were I to be so ungrateful I would never forgive myself"
"내가 그렇게 배은망덕하다면 결코 나 자신을 용서하지 않을 것입니다"
Beauty put her ring on the table
미인은 그녀의 반지를 테이블에 올려놓았다
and she went to bed again
그리고 그녀는 다시 잠자리에 들었다
scarce was she in bed before she fell asleep
그녀는 잠들기 직전에 침대에 거의 누워 있었습니다.
she woke up again the next morning
그녀는 다음날 아침에 다시 일어났다
and she was overjoyed to find herself in the Beast's palace
그리고 그녀는 자신이 짐승의 궁전에 있는 것을 발견하고 매우 기뻤습니다.
she put on one of her nicest dress to please him
그녀는 그를 기쁘게 하기 위해 그녀의 가장 아름다운 드레스 중 하나를 입었습니다.
and she patiently waited for evening
그리고 그녀는 참을성 있게 저녁을 기다렸다
at last the wished-for hour came
마침내 바라던 시간이 왔습니다
the clock struck nine, yet no Beast appeared
시계는 9시를 쳤지만 짐승은 나타나지 않았습니다.
Beauty then feared she had been the cause of his death
미인은 그때 자신이 그의 죽음의 원인이라고 두려워했습니다.
she ran crying all around the palace
그녀는 궁전 주위를 울면서 돌아다녔다
after having sought for him everywhere, she remembered her dream
그녀는 그를 사방에서 찾아다닌 끝에 자신의 꿈을 떠올렸다.

and she ran to the canal in the garden
그리고 그녀는 정원의 운하로 달려갔다
there she found poor Beast stretched out
그녀는 그곳에서 불쌍한 짐승이 뻗어 있는 것을 발견했습니다.
and she was sure she had killed him
그리고 그녀는 자신이 그를 죽였다고 확신했습니다
she threw herself upon him without any dread
그녀는 아무런 두려움 없이 그에게 몸을 던졌습니다.
his heart was still beating
그의 심장은 아직도 뛰고 있었다
she fetched some water from the canal
그녀는 운하에서 물을 가져왔다
and she poured the water on his head
그리고 그녀는 그의 머리에 물을 부었다
the Beast opened his eyes and spoke to Beauty
짐승은 눈을 뜨고 미녀에게 말을 걸었다
"You forgot your promise"
"당신은 약속을 잊었어요"
"I was so heartbroken to have lost you"
"당신을 잃어서 너무 마음이 아팠어요"
"I resolved to starve myself"
"나는 굶어 죽기로 결심했다"
"but I have the happiness of seeing you once more"
"하지만 나는 당신을 다시 볼 수 있는 행복을 가지고 있습니다"
"so I have the pleasure of dying satisfied"
"그래서 나는 만족스럽게 죽을 수 있는 기쁨을 얻었습니다"
"No, dear Beast," said Beauty, "you must not die"
"아니, 사랑하는 짐승아," 미녀가 말했다, "너는 죽어서는 안 돼."
"Live to be my husband"
"내 남편으로 살아라"
"from this moment I give you my hand"

"이 순간부터 나는 당신에게 내 손을 줍니다"
"and I swear to be none but yours"
"그리고 나는 당신 외에는 아무도 될 수 없다고 맹세합니다"
"Alas! I thought I had only a friendship for you"
"아아! 나는 너에게 우정만 있을 줄 알았어"
"but the grief I now feel convinces me;"
"하지만 지금 내가 느끼는 슬픔이 나를 설득합니다."
"I cannot live without you"
"나는 너 없이는 살 수 없어"

Beauty scarce had said these words when she saw a light
아름다움은 빛을 보았을 때 이 말을 거의 하지 않았습니다.

the palace sparkled with light
궁전은 빛으로 반짝였다

fireworks lit up the sky
불꽃놀이가 하늘을 밝혔다

and the air filled with music
그리고 음악으로 가득 찬 공기

everything gave notice of some great event
모든 것이 어떤 큰 사건을 알리는 신호였다

but nothing could hold her attention
하지만 그녀의 관심을 끌 수 있는 것은 아무것도 없었다.

she turned to her dear Beast
그녀는 그녀의 사랑하는 짐승에게로 돌아섰다

the Beast for whom she trembled with fear
그녀가 두려움에 떨던 짐승

but her surprise was great at what she saw!
하지만 그녀는 본 것에 큰 놀라움을 느꼈습니다!

the Beast had disappeared
짐승이 사라졌다

instead she saw the loveliest prince
대신 그녀는 가장 사랑스러운 왕자를 보았습니다

she had put an end to the spell
그녀는 그 주문을 끝냈다

a spell under which he resembled a Beast
그가 짐승과 닮은 주문
this prince was worthy of all her attention
이 왕자는 그녀의 모든 관심을 받을 만한 사람이었다
but she could not help but ask where the Beast was
하지만 그녀는 그 짐승이 어디에 있는지 묻지 않을 수 없었다.
"You see him at your feet," said the prince
"당신은 그가 당신의 발 아래에 있는 것을 보았습니다." 왕자가 말했습니다.
"A wicked fairy had condemned me"
"사악한 요정이 나를 정죄했다"
"I was to remain in that shape until a beautiful princess agreed to marry me"
"나는 아름다운 공주가 나와 결혼하기로 동의할 때까지 그 모습을 유지해야 했습니다"
"the fairy hid my understanding"
"요정이 내 이해를 숨겼다"
"you were the only one generous enough to be charmed by the goodness of my temper"
"당신은 내 성격의 좋은 점에 매료될 만큼 관대한 유일한 사람이었습니다"
Beauty was happily surprised
미인은 행복하게 놀랐다
and she gave the charming prince her hand
그리고 그녀는 매력적인 왕자에게 손을 내밀었다
they went together into the castle
그들은 함께 성으로 들어갔다
and Beauty was overjoyed to find her father in the castle
그리고 미인은 성에서 아버지를 만나서 매우 기뻤습니다.
and her whole family were there too
그리고 그녀의 온 가족도 거기에 있었습니다
even the beautiful lady that appeared in her dream was there
그녀의 꿈에 나타난 아름다운 여인도 거기에 있었어요

"Beauty," said the lady from the dream
"아름다움" 꿈 속의 여인이 말했다.
"come and receive your reward"
"와서 보상을 받으세요"
"you have preferred virtue over wit or looks"
"당신은 재치나 외모보다 미덕을 더 선호합니다"
"and you deserve someone in whom these qualities are united"
"그리고 당신은 이러한 자질이 결합된 사람을 만날 자격이 있습니다"
"you are going to be a great queen"
"너는 위대한 여왕이 될 거야"
"I hope the throne will not lessen your virtue"
"왕위가 당신의 덕을 낮추지 않기를 바랍니다"
then the fairy turned to the two sisters
그러자 요정은 두 자매에게로 돌아섰다.
"I have seen inside your hearts"
"나는 너희 마음을 보았다"
"and I know all the malice your hearts contain"
"그리고 나는 당신들의 마음에 얼마나 악의가 담겨 있는지 알고 있습니다"
"you two will become statues"
"너희 둘은 동상이 될 거야"
"but you will keep your minds"
"그러나 너희는 마음을 지키리라"
"you shall stand at the gates of your sister's palace"
"너는 네 누이의 궁전 문 앞에 서라"
"your sister's happiness shall be your punishment"
"네 자매의 행복은 네 벌이 될 것이다"
"you won't be able to return to your former states"
"너희는 다시는 너희의 옛 상태로 돌아갈 수 없을 것이다"
"unless, you both admit your faults"
"두 분 다 자신의 잘못을 인정하지 않는 한"
"but I am foresee that you will always remain statues"

"하지만 나는 당신이 영원히 동상으로 남을 것이라고 예상합니다"
"pride, anger, gluttony, and idleness are sometimes conquered"
"자만심, 분노, 폭식, 게으름은 때때로 극복된다"
"but the conversion of envious and malicious minds are miracles"
" 그러나 시기하고 악의에 찬 마음을 회개시키는 것은 기적입니다"
immediately the fairy gave a stroke with her wand
요정은 즉시 지팡이로 쳐냈다.
and in a moment all that were in the hall were transported
그리고 순식간에 홀에 있던 모든 사람들이 옮겨졌습니다.
they had gone into the prince's dominions
그들은 왕자의 영토로 들어갔다
the prince's subjects received him with joy
왕자의 신하들은 그를 기쁨으로 맞이했다
the priest married Beauty and the Beast
신부는 미녀와 야수를 결혼시켰다
and he lived with her many years
그리고 그는 그녀와 오랜 세월을 함께 살았습니다
and their happiness was complete
그리고 그들의 행복은 완전했다
because their happiness was founded on virtue
그들의 행복은 덕에 기초했기 때문입니다.

The End
끝

www.tranzlaty.com